# How to use this book

### Access the pronunciation video here

www.languageswithmaddy.com

### Listen, read & learn

Each unit starts with a vocabulary page. In this section you should use the pronunciation video to listen, read & repeat all of the new words or phrases.

### Complete the exercises

Move onto the exercise pages, only when you feel you have read & repeated the new words & phrases enough. Each unit has 5-6 exercises.

### Move onto the next unit

Move onto the next unit, only when you have completed all of the exercises of the previous unit. Only do one unit or part of a unit per session.

This symbol will give you English translations throughout the book.

# Table des matières

1. dire bonjour
2. se présenter
3. compter
4. les couleurs
5. l'alphabet
6. la famille
7. les animaux
8. se décrire
9. les fruits
10. les légumes

# Table des matières

- 11 — les aliments
- 12 — les jours
- 13 — les mois
- 14 — la météo
- 15 — les vêtements
- 16 — le corps humain
- 17 — la maison
- 18 — les objets
- 19 — les activités
- 20 — les opinions

# unité 1
## dire bonjour

- Bonjour, comment ça va?
- Salut, ça va bien, merci. Et toi?
- Ça va bien, merci.
- Super! À bientôt.
- Au revoir.

Bonsoir | Bonne nuit | À demain

coucou

Hello, how are you?
Hi, I'm fine, thank you. And you?
I'm fine, thank you.
Great! See you soon.
Goodbye.
Good evening | Goodnight | See you tomorrow

4 quatre

unité 1 — dire **bon**jour

**1 Complète** Complete the dialogue

- _Bonjour_, comment ça va?
- _Salut_, ça va bien, merci. Et toi?
- Ça va bien, _merci_
- Super! À _bientôt_.
- Au _revoir_.

**2 Écris** Write the missing letters

| Bonjour | À bientôt |
| Bonsoir | À demain |
| Bonne nuit | Au revoir |

5 cinq

**3** **Mets dans le bon ordre** Put the dialogue in order

**4** **Colorie** Colour in the words & pictures

6 six

**unité 1** — dire **bon**jour

**5  Colorie** colour in the word

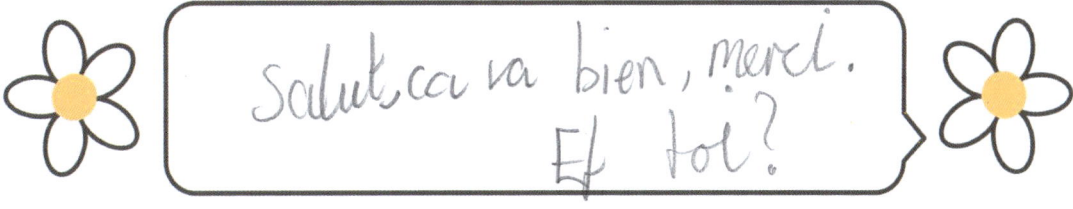

**6  Réponds** Answer the the question

> Bonjour, comment ça va?

> Salut ça va bien, merci. Et toi?

7 sept

# unité 2
## se présenter

**Comment t'appelles-tu?**

**Je m'appelle Louis et toi?**

**Je m'appelle Fleur.**

**Quel âge as-tu?**

**J'ai dix (10) ans et toi?**

**J'ai neuf (9) ans. Où habites-tu?**

**J'habite à Paris et toi?**

**J'habite à Bruxelles.**

Je suis Pauline.

What's your name?
My name is Louis and you?
My name is Fleur.
How old are you?
I'm 10 years old and you?
I'm 9 years old. Where do you live?
I live in Paris and you?
I live in Brussels.

8 huit

# unité 2
## se présenter

**1 Relie** Match the questions with the answers

Comment t'appelles-tu?

Quel âge as-tu?

Où habites-tu?

J'ai 10 ans.

J'habite à Paris.

Je m'appelle Fleur.

**2 Complète** Complete the questions

_____ t'appelles-tu?

_____ âge as-tu?

_____ habites-tu?

9 neuf

unité 2

## se présenter

**3 Relie** Match the information with the correct person

Je m'appelle Louis.

Je m'appelle Fleur.

J'ai 10 ans.

J'ai 9 ans.

J'habite à Bruxelles.

J'habite à Paris.

**4 Réponds** Answer the questions

Comment t'appelles-tu?

Quel âge as-tu?

Où habites-tu?

10 dix

unité 2

**se présenter**

**5 Dessine et complète** Draw & complete the page about you

c'est moi!

Je m'appelle

J'ai ☐ ans

J'habite à

11 onze

# unité 3
## compter

**1** un
**2** deux
**3** trois
**4** quatre
**5** cinq
**6** six
**7** sept
**8** huit
**9** neuf
**10** dix
**11** onze
**12** douze
**13** treize
**14** quatorze
**15** quinze
**16** seize
**17** dix-sept
**18** dix-huit
**19** dix-neuf
**20** vingt

un, deux, trois

12 douze

unité 3 — compter

**1 Écris** Write the correct number below the word

**2 Compte et écris** Count & write the number in words

13 treize

**unité 3**  |  **compter**

**3 Colorie** Colour in the correct number of shapes

six  neuf  cinq

trois  sept  dix

**4 Trouve les mots** Find the numbers in the wordsearch

| o | n | z | e | e | r | t | e | y | v |
|---|---|---|---|---|---|---|---|---|---|
| n | e | d | o | u | z | e | u | v | i |
| a | t | r | e | i | z | e | g | w | n |
| q | u | a | t | o | r | z | e | c | g |
| y | u | q | u | i | n | z | e | u | t |
| r | s | s | e | i | z | e | r | z | t |
| d | i | x | s | e | p | t | t | c | e |
| a | d | i | x | h | u | i | t | k | r |
| r | i | n | d | i | x | n | e | u | f |

onze
douze
treize
quatorze
quinze
seize
dix-sept
dix-huit
dix-neuf
vingt

14 quatorze

**unité 3**

| compter |
|---|

**6 Relie** Match the words with the numbers

| | | |
|---|---|---|
| **1** | douze | **11** |
| **2** | un | **12** |
| **3** | trois | **13** |
| **4** | quinze | **14** |
| **5** | deux | **15** |
| **6** | vingt | **16** |
| **7** | cinq | **17** |
| **8** | quatorze | **18** |
| **9** | dix-sept | **19** |
| **10** | huit | **20** |

six
treize
onze
dix-neuf
quatre
sept
dix-huit
seize
dix
neuf

15 quinze

unité 4

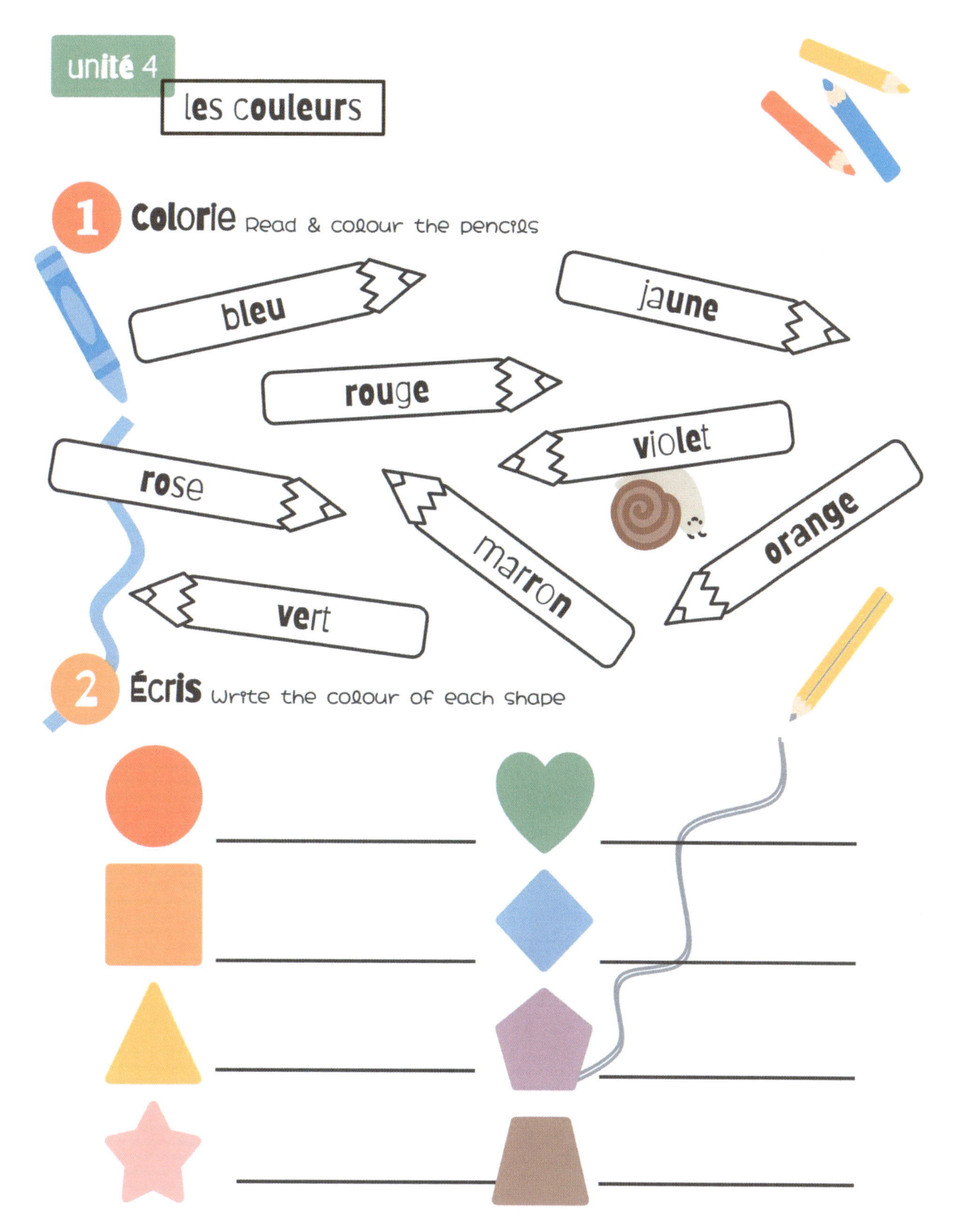

les couleurs

**1** **Colorie** Read & colour the pencils

bleu
jaune
rouge
violet
rose
orange
marron
vert

**2** **Écris** Write the colour of each shape

17 dix-sept

# unité 4
## les couleurs

**3 colorie** Colour the squares according to the number & colour

- quatre – orange
- trois – jaune
- neuf – bleu
- sept – rouge
- six – vert

**4 colorie** Colour in the xylophone then say the colours

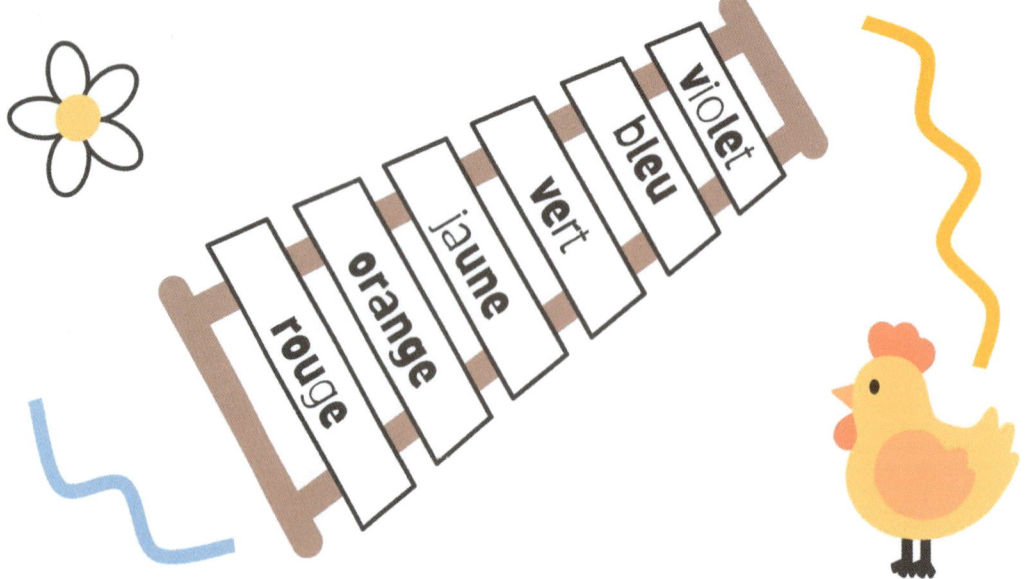

18 dix-huit

# unité 4

## les couleurs

### 5 Colorie — Colour by numbers

1 gris
2 bleu
3 vert
4 rouge
5 jaune
6 violet
7 marron
8 orange

### 6 Lis et écris — Read, then write & say your favourite colour

Ma couleur préférée c'est le rose.

Ma couleur préférée c'est le bleu.

19 dix-neuf

# unité 5
## l'alphabet

**A a**    **B b**    **C c**    **D d**    **E e**

ah - arbre    beh - bonbon    seh - citron    deh - dinosaure    euh - escargot

**F f**    **G g**    **H h**    **I i**    **J j**    **K k**

ef - fleur    zgeh - girafe    ash - hérisson    ee - iglou    zgee - jus    kah - koala

**L l**    **M m**    **N n**    **O o**    **P p**

el - lapin    em - maison    en - nuage    oh - oiseau    peh - poire

**Q q**    **R r**    **S s**    **T t**    **U u**

koo - quatre    air - raisins    es - soleil    teh - tortue    oo - usine

**V v**    **W w**    **X x**    **Y y**    **Z z**

veh - vache    doobleuhveh - wifi    eex - xylophone    eegrek - yo-yo    zed - zèbre

# unité 5

## l'alphabet

**1 Relie** Match the picture with its first letter

c    k    n    a    f    p    g    h    s    l

**2 Écris** Write the first letter

| _aison | _leur | _us |
| _inosaure | _irafe | _ifi |
| _ylophone | _aisins | _uatre |
| _ache | _onbon | _apin |

21 vingt-et-un

# unité 5 — l'alphabet

## 3  Lis et écris  Read the clues & write the word below

**Un animal vert**

☐☐☐☐☐☐☐☐

**Un fruit jaune**

☐☐☐☐☐☐

**Un instrument multicolore**

☐☐☐☐☐☐☐☐☐

## 4  Dessine  Draw a picture for each one

| escargot | bonbon | usine |

22 vingt-deux

# unité 5 — l'alphabet

## 6 Colorie  Colour in the pictures

arbre · bonbon · citron · dinosaure · escargot

fleur · girafe · hérisson · iglou · jus · koala

lapin · maison · nuage · oiseau · poire

quatre · raisins · soleil · tortue · usine

vache · wifi · xylophone · yo-yo · zèbre

23 vingt-trois

# unité 6
## la famille

la **g**rand-**m**ère   le **g**rand-**p**ère

le **p**apa   la **m**aman   l'**o**ncle   la **t**ante

le **f**rère   la **s**œur   le **c**ousin   la **c**ousine

Je suis maman!

24 **vingt-quatre**

## unité 6 — la famille

### 1 Relie  match the pictures with the words

| le frère | la sœur | la maman | le papa |

### 2 Écris  write the missing letters

| la gr_nd-mèr_ | l'o_cl_ |
| le gra_d-pè_e | la c_usin_ |
| la t_n_e | le co_s_n |

25 vingt-cinq

# unité 6 — la famille

### 3. Lis et complète — Read & complete the table with numbers

> J'ai trois sœurs.

> Je suis fille unique.

> J'ai une sœur et un frère.

> J'ai deux frères et une sœur.

|          | Louis | Fleur | Elise | Hugo |
|----------|-------|-------|-------|------|
| sœurs    |       |       |       |      |
| frères   |       |       |       |      |

### 4. Écris et parle — Write & say how many brothers & sisters you have

*Je suis fille unique:* I am an only child. (girl)
*Je suis fils unique:* I am an only child. (boy)

26 vingt-six

# unité 6

## la famille

### 5. Lis et parle — Read and say who is in your family

Salut. Dans ma famille, il y a ma maman, mon papa, ma sœur et mes deux frères.

Dans ma famille, il y a...

### 6. Dessine et écris — Draw & label your family members

## Ma famille

27 vingt-sept

unité 7 les animaux

**1 Relie** Match the word with the correct animal

- le lapin
- le chien
- le chat
- l'oiseau
- la poule
- le poisson

**2 Trouve les mots** Find the words in the wordsearch

chat
chien
lapin
oiseau
poisson
poule

| p | c | a | o | l | o | t | c |
| o | i | s | e | a | u | q | h |
| i | n | d | p | p | e | p | a |
| s | b | n | a | i | h | x | t |
| s | i | h | g | n | s | v | a |
| o | z | w | y | t | g | w | i |
| n | j | o | p | o | u | l | e |
| c | h | i | e | n | f | p | c |

29 vingt-neuf

unité 7 — les animaux

**3** **Dessine** Draw a picture of each animal

| chat | chien | lapin |
| poule | poisson | oiseau |

**4** **Lis et écris** Read, then write & say your favourite animal

Mon animal **préféré** c'est le chat.

Mon animal **préféré** c'est l'oiseau.

30 trente

**unité 7** — les animaux

**5  Lis** Read the dialogue

Bonjour, as-tu un animal de compagnie?

Salut, oui j'en ai deux! J'ai un lapin et un chien. Et toi?

J'ai deux chats et cinq poules!

C'est super!

**6  Lis et écris** Write what pets you have

*As-tu un animal de compagnie?:*
Do you any pets?
*J'ai:* I have
*Je n'ai pas d'animaux de compagnie:*
I don't have any pets.

31 trente-et-un

## unité 8
## se décrire

J'ai les cheveux noirs et longs. Mes yeux sont noirs. Je porte des lunettes.

J'ai les cheveux roux et bouclés. Mes yeux sont verts.

J'ai les cheveux blonds et courts. Mes yeux sont bleus.

J'ai les cheveux bruns et raides. Mes yeux sont marron.

Mes yeux sont rouges.

les cheveux: hair
noirs, roux, blonds, bruns: black, ginger, blond, brown
longs, bouclés, courts, raides: long, curly, short, straight
Mes yeux sont: my eyes are
noirs, verts, bleus, marron: black, green, blue, brown
Je porte des lunettes: I wear glasses.

32 trente-deux

unité 8

**se décrire**

**1 Relie** Match the description with the correct person

J'ai les cheveux blonds.    Mes yeux sont verts.    Mes yeux sont marron.    J'ai les cheveux longs.

**2 Écris** Write the adjectives in the correct places

J'ai les cheveux _____ et _____. Mes yeux sont _____.

33 trente-trois

**unité 8**

se décrire

**3 Écris** Write the adjectives in the correct places

J'ai les cheveux _____ et _____.

Mes yeux sont _____.

Je porte des _____.

**4 Relie** Match the descriptions with the correct person

les cheveux blonds

les yeux marron

les yeux bleus

les cheveux bruns

34 trente-quatre

unité 8

**se décrire**

**5** **Dessine** Read the instructions & draw the person

J'ai les cheveux roux, bouclés et longs. Mes yeux sont bleus. Je porte des lunettes.

**6** **Dessine et écris** Draw & write about yourself

J'ai les cheveux _____ et _____. Mes yeux sont _____.

**35** trente-cinq

unité 9

**les fruits**

### 1 Choisis Circle the correct fruit

un ananas

une fraise

une pomme

une banane

un avocat

### 2 Écris Write the missing letters in the words

| p_m_e | a_oca_ | _rang_ |
| po_r_ | b_n_ne | f_ai_e |
| c_tro_ | p_stèq_e | a_a_as |
| r_is_ns | | |

37 trente-sept

# unité 9

## les fruits

### 3 Choisis — Underline the correct fruit

La pomme | La banane **est rouge**.

Le citron | La poire **est jaune**.

L'orange | Le raisin **est violet**.

La fraise | L'avocat **est vert**.

La pastèque | L'ananas **est rose**.

### 4 Écris — Write the name of the fruit

Je mange une

Je mange un

Je mange une

Je mange des

Je mange une

**unité 9**

**les fruits**

**5 Relie** Match the lists with the correct bag

- 4 fraises / 2 avocats / 1 citron
- 3 oranges / 1 ananas / 1 poire
- 1 banane / 3 pommes / 1 orange
- 4 fraises / 1 banane / 1 avocat

**6 Colorie** Colour in the fruit below

ananas   pastèque   fraise   raisins

39 trente-neuf

# unité 10
## les légumes

- le brocoli
- les petits pois
- la carotte
- le champignon
- l'haricot vert
- la tomate
- le poireau
- l'asperge
- la pomme de terre
- le concombre

*J'aime les carottes!*

40 quarante

**unité 10**

**les légumes**

**1 Relie** match the word with the correct vegetable

- le brocoli
- le champignon
- l'asperge
- le concombre
- les petits pois

**2 Écris** write the number & the name of the vegetable

Il y a __ _____.

Il y a __ _____.

Il y a __ _____.

Il y a __ _____.

Il y a __ _____.

41 quarante-et-un

**unité 10**

les légumes

**3** **Dessine** Draw the vegetable

| carotte | concombre | haricot vert |

| tomate | brocoli | champignon |

**4** **Parle** Read the text. imagining you're at the market

## Au marché

Bonjour, je voudrais 5 🥔, 2 🥕, 4 🍅 et 10 🍄, s'il vous plaît.

42 quarante-deux

unité 10

les légumes

**5** **Dessine** Draw the correct number of ingredients in the saucepan

## On prépare la soupe

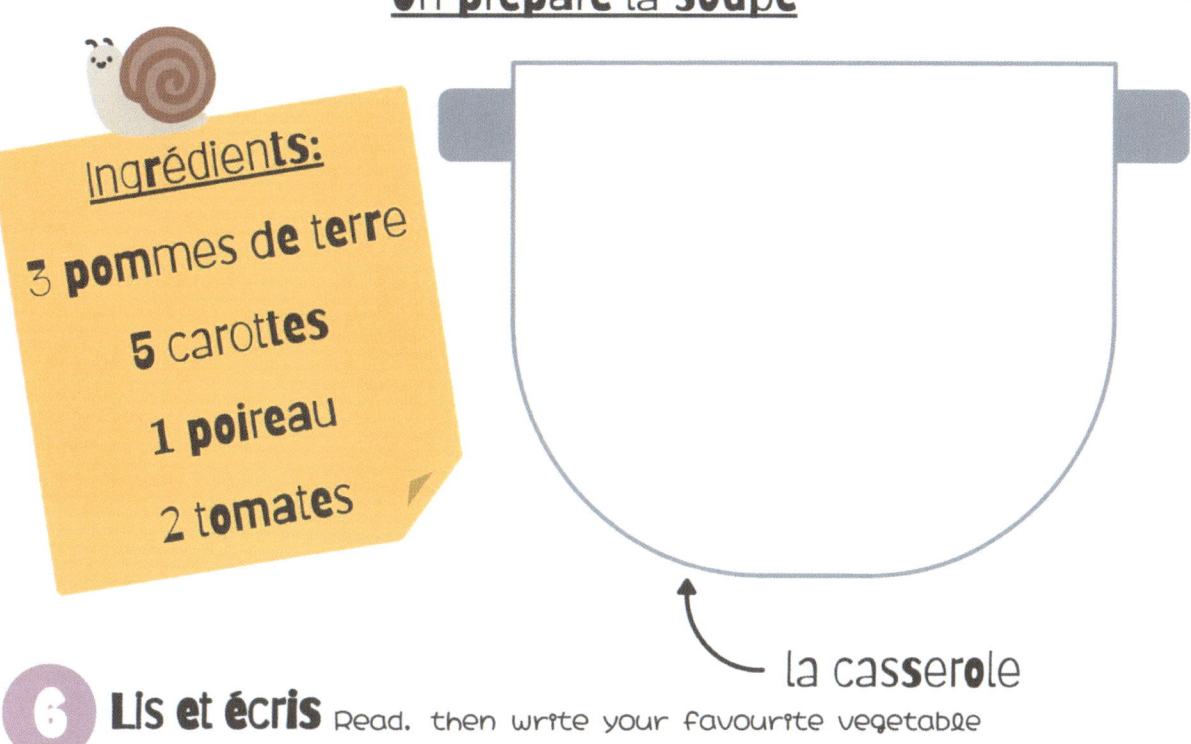

**Ingrédients:**

3 pommes de terre

5 carottes

1 poireau

2 tomates

la casserole

**6** **Lis et écris** Read. then write your favourite vegetable

Mon légume préféré c'est le poireau.

Mon légume préféré c'est le brocoli.

# unité 11
## les aliments

le pain

les pâtes

la glace

le fromage

le lait

la pizza

le chocolat

l'œuf

miam miam

le riz

l'eau

44 quarante-quatre

# unité 11
## les aliments

### 1. Relie — match the word with correct food

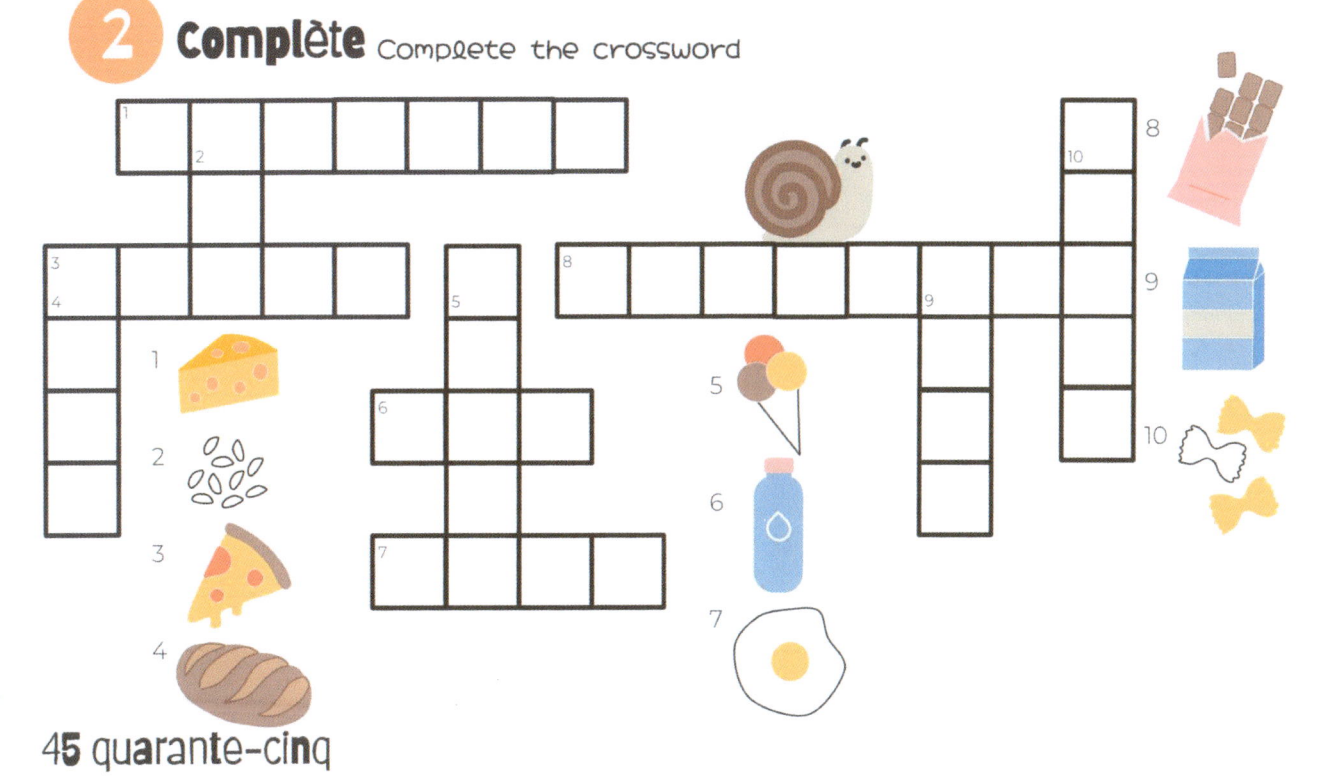

- l'œuf
- le riz
- la glace
- les pâtes
- le fromage
- le pain

### 2. Complète — complete the crossword

45 quarante-cinq

# unité 11

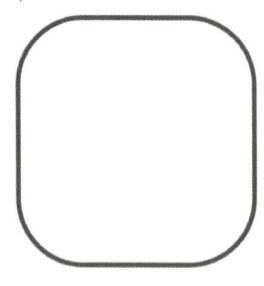

## les aliments

### 3 Lis et dessine — Read & draw the 3 things she has eaten today

Qu'est-ce que tu as mangé aujourd'hui?

Aujourd'hui, j'ai mangé du **pain** avec du **fromage** et une **glace**.

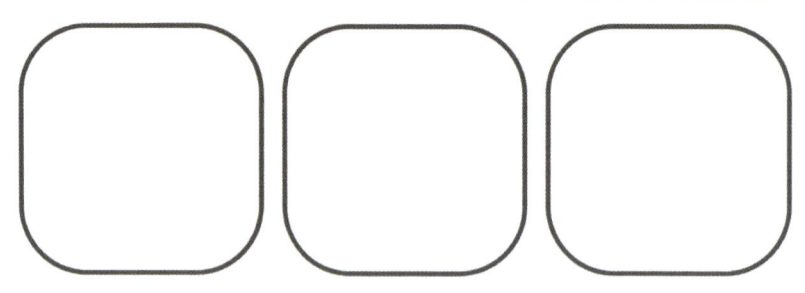

### 4 Dessine et parle — Draw & say 3 things you've eaten today

Qu'est-ce que tu as mangé aujourd'hui?

Aujourd'hui j'ai mangé...

46 quarante-six

unité 11

## les aliments

### 5. Lis et colorie — Read the dialogue & colour the ice cream

**Acheter une glace**

**Les saveurs**
au chocolat
à la vanille
au citron
à la fraise

— Bonjour
— Bonjour, je voudrais une glace de 3 boules, s'il vous plaît.
— D'accord, quels saveurs?
— Au chocolat, à la vanille et à la fraise, s'il vous plaît.
— D'accord. C'est 3 euros, s'il vous plaît.
— Voilà. Merci, au revoir!

### 6. Parle — Read again & change the flavours

— Bonjour
— Je voudrais...

*saveurs:* flavours
*3 boules:* 3 scoops
*je voudrais:* I would like
*s'il vous plaît:* please

47 quarante-sept

# unité 12
## les jours

- lundi
- mardi
- mercredi
- jeudi
- vendredi
- samedi
- dimanche

Il y a 7 jours dans une semaine.

*le matin:* morning
*l'après-midi:* afternoon
*le soir:* evening
*la nuit:* night
*aujourd'hui:* today
*demain:* tomorrow
*hier:* yesterday

48 quarante-huit

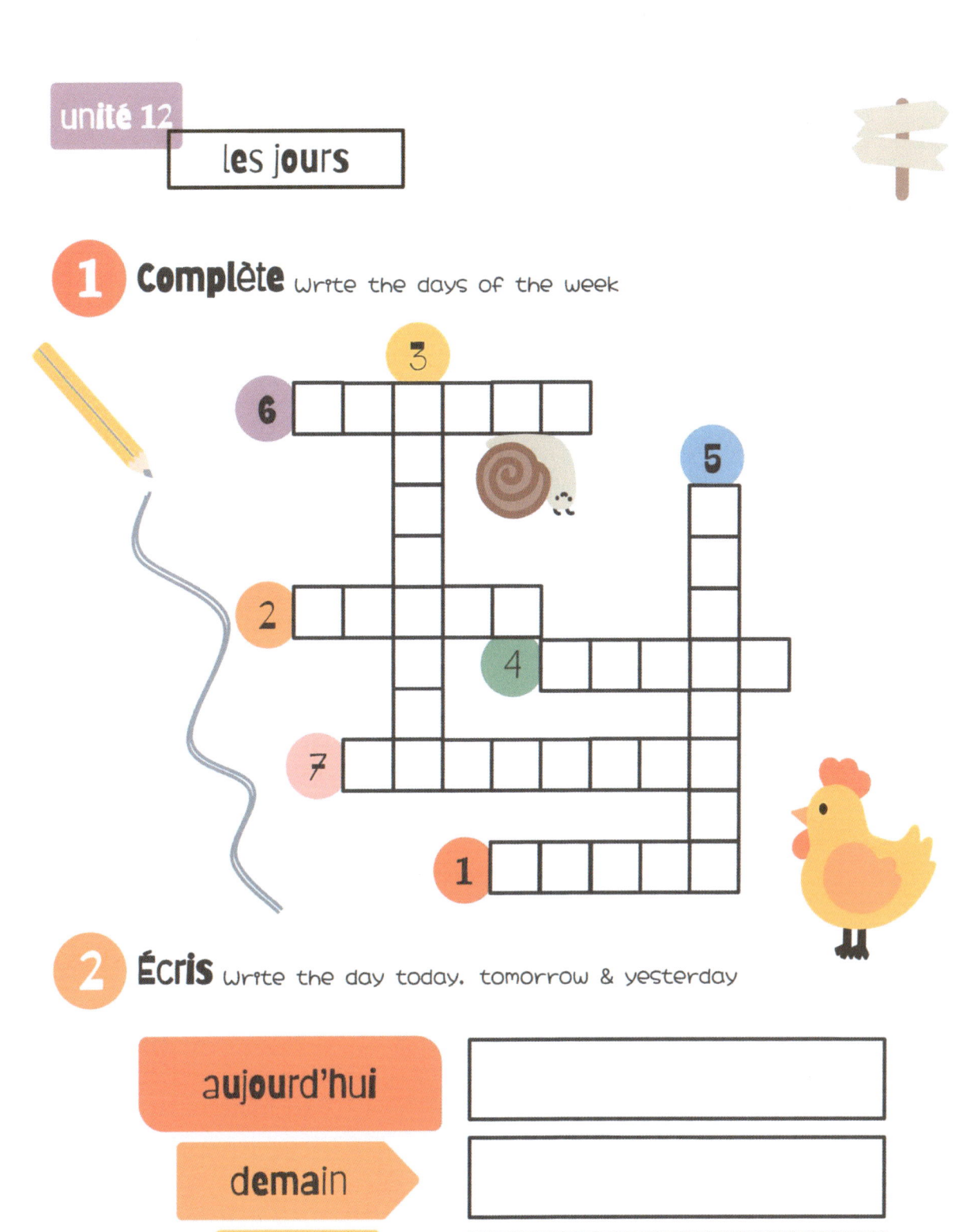

# unité 12

## les jours

### 1. Complète — Write the days of the week

### 2. Écris — Write the day today, tomorrow & yesterday

- aujourd'hui
- demain
- hier

49 quarante-neuf

**unité 12**

les jours

**3 Mets dans le bon ordre** Put the days of the week in order

1. mercredi
2. samedi
3. lundi
4. jeudi
5. dimanche
6. mardi
7. vendredi

**4 Lis et écris** Write & say your favourite day

Mon jour préféré c'est le samedi.

Mon jour préféré c'est le mercredi.

# unité 12

## les jours

**5** **Colorie** Colour in the days of the week & practise saying them

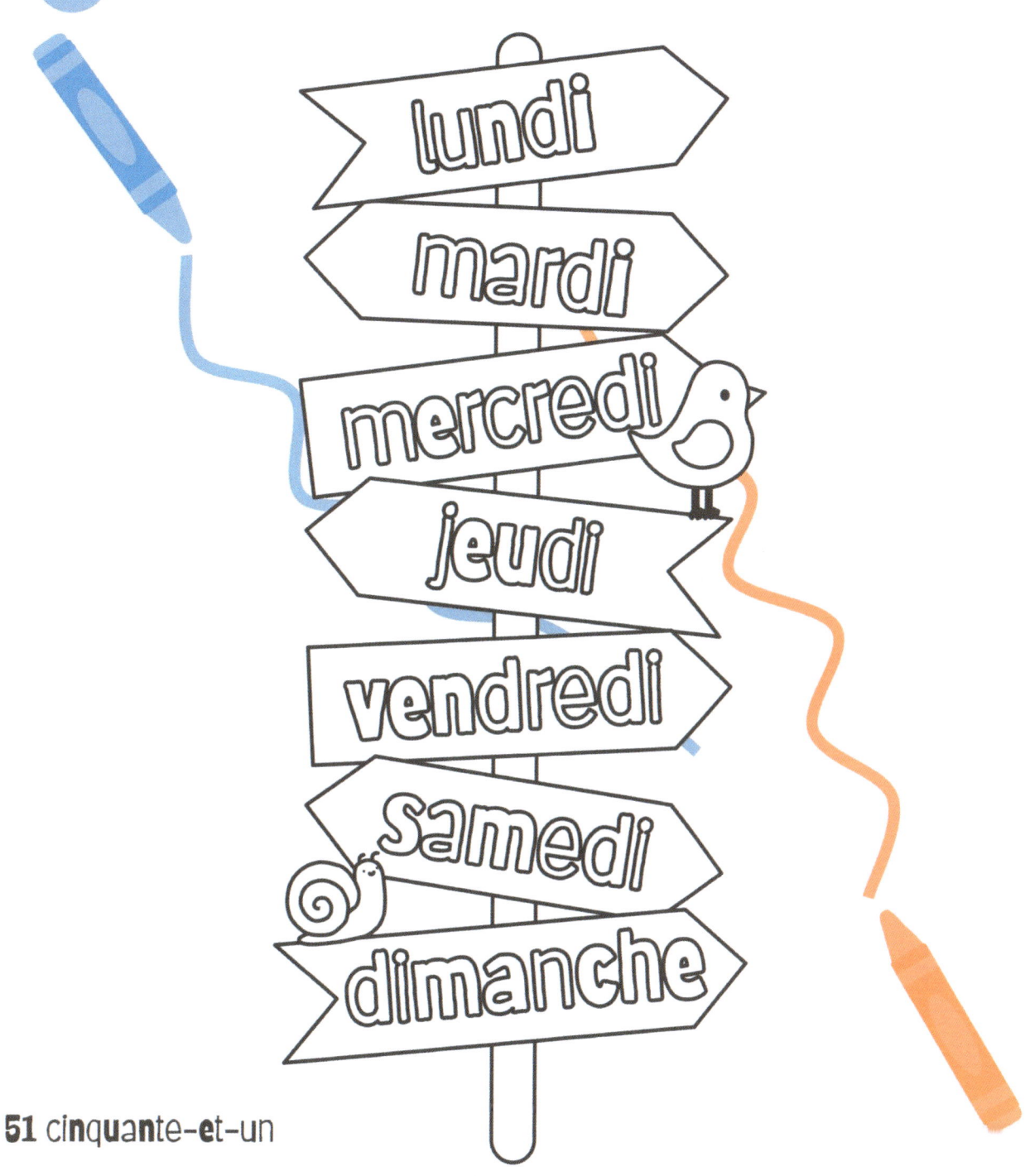

- lundi
- mardi
- mercredi
- jeudi
- vendredi
- samedi
- dimanche

**51** cinquante-et-un

# unité 13

## les mois

|  | | | |
|---|---|---|---|
| l'hiver | janvier | février | mars |
| le printemps | avril | mai | juin |
| l'été | juillet | août | septembre |
| l'automne | octobre | novembre | décembre |

52 cinquante-deux

unité 13

les mois

**1 Complète** Write the missing months

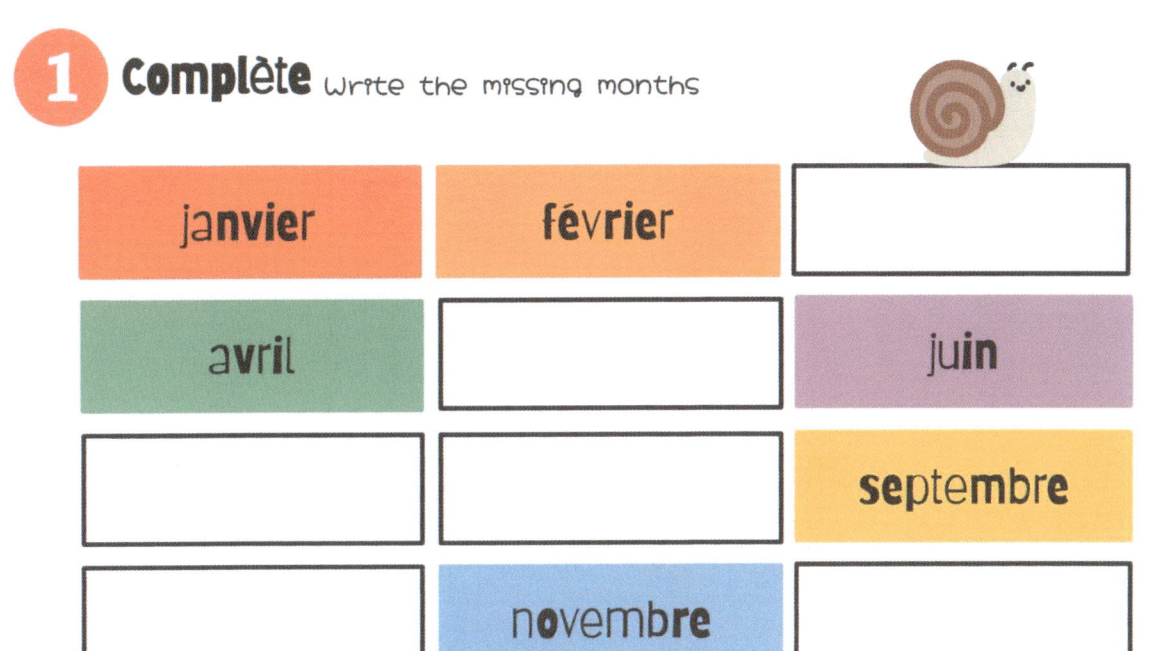

| janvier | février | |
| avril | | juin |
| | | septembre |
| | novembre | |

**2 Écris** Write the missing letters

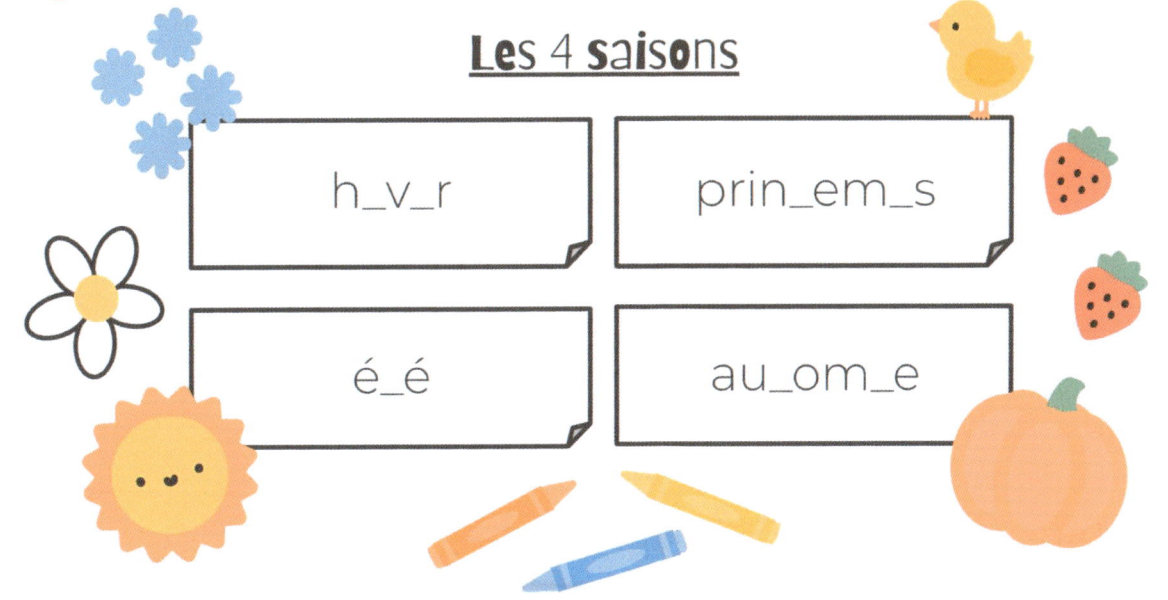

## Les 4 saisons

h_v_r

prin_em_s

é_é

au_om_e

53 cinquante-trois

unité 13

les mois

**3** **Lis et écris** Read & write when your birthday is

Mon anniversaire c'est le 5 décembre. Et toi?

**4** **Écris** Write the month (this, next, last, your birthday & this season)

Ce mois-ci:

Le mois prochain:

Le mois dernier:

Mon anniversaire:

Cette saison:

54 cinquante-quatre

**unité 13**

les mois

### 6 Colorie Colour the pictures & practise saying the months

| janvier | février | mars |
| avril | mai | juin |
| juillet | août | septembre |
| octobre | novembre | décembre |

55 cinquante-cinq

# unité 14
## la météo

**Quel temps fait-il?**

il y a des nuages

il neige

il pleut

il y a du vent

il y a de l'orage

il y a un arc-en-ciel

il y a du soleil

il fait froid

il fait chaud

56 cinquante-six

# unité 14

## la météo

### 1 Choisis — Circle the correct picture

**Il y a du soleil.**

**Il y a du vent.**

**Il y a de l'orage.**

**Il pleut.**

**Il fait chaud.**

### 2 Écris — Write what the weather is like today for you

Quel temps fait-il?

Il fait chaud et il y a du soleil.

Quel temps fait-il?

57 cinquante-sept

**unité 14**

la météo

### 3. Écris — Write the weather for each day of the week

| lun | mar | mer | jeu | ven |
|---|---|---|---|---|
| ☀ | ☁ |  💨 | 💧 |  ⚡ |

lundi _____.

mardi _____.

mercredi _____.

jeudi _____.

vendredi _____.

### 4. Dessine — Read below & draw the weather above each house

Il y a du soleil.   Il neige.   Il y a des nuages.

58 cinquante-huit

**unité 14**

la météo

**5** **Parle** Say the weather for each city in France

Quel temps fait-il en France?

exemple: À Paris il y a des nuages.

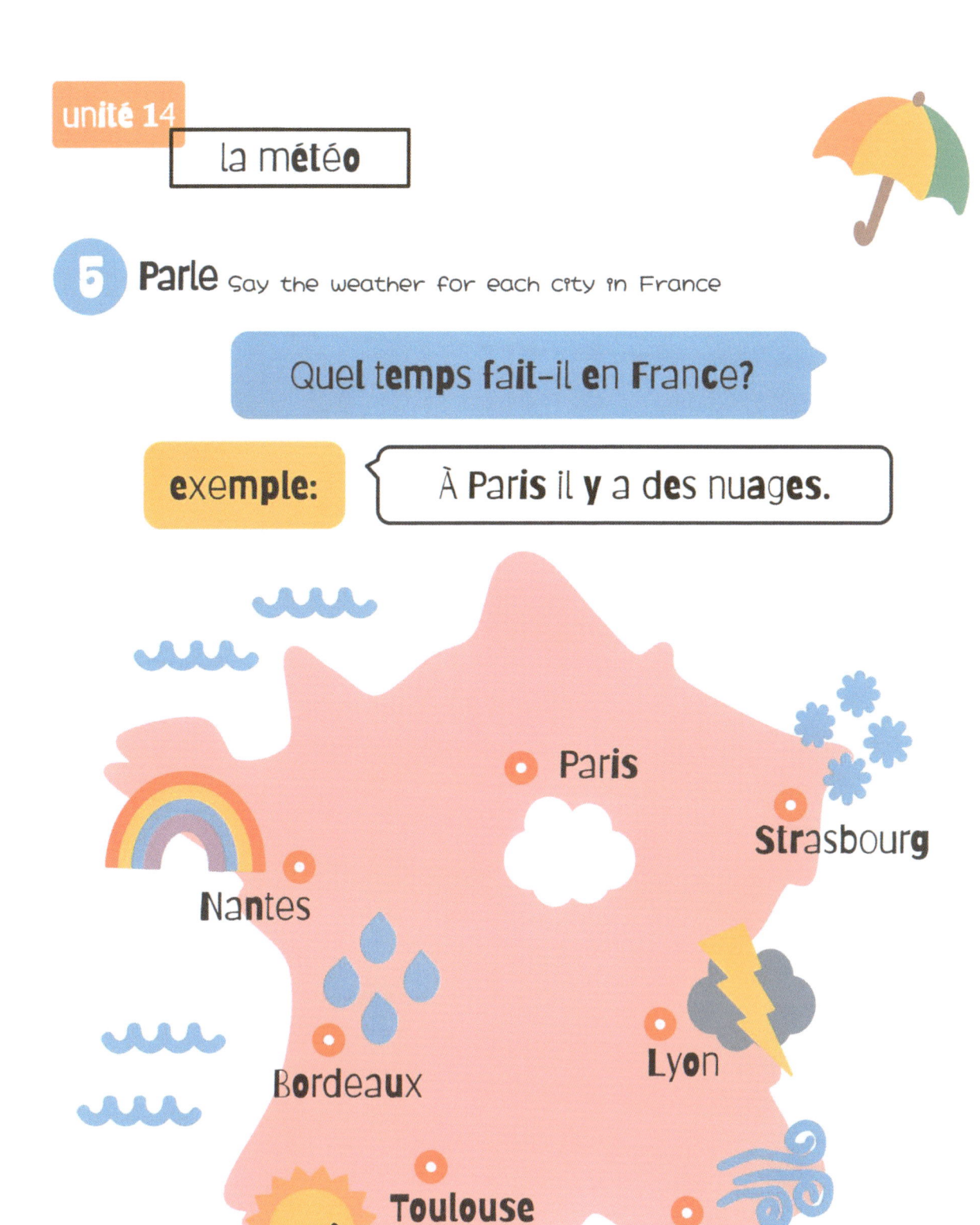

59 cinquante-neuf

# unité 15
## les vêtements

le t-shirt

le jean

le pull

la chemise

la jupe

le manteau

la robe

le pantalon

le short

les chaussures

60 soixante

**unité 15**

**les vêtements**

**1 Relie** Match the description with the correct circle

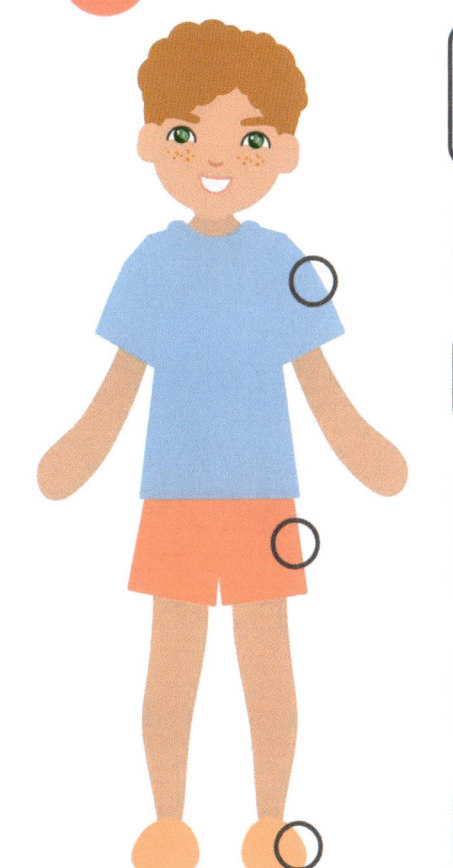

- des chaussures jaunes
- un t-shirt bleu
- une robe violette
- des chaussures oranges
- un t-shirt vert
- un short rouge

**2 Complète** Write the correct items of clothing from above

Je porte un _____ bleu, un _____ rouge et des _____ oranges.

Je porte un _____ vert, une _____ violette et des _____ jaunes.

**61 soixante-et-un**

unité 15

les vêtements

### 3 Relie et colorie  Match & colour in the clothes the correct colour

**Le manteau est vert.**   **Le pantalon est gris.**   **La jupe est rouge.**   **La chemise est jaune.**

### 4 Écris  Write the correct item of clothing

La _____ est rose.

Le _____ est marron.

Le _____ est bleu.

Le _____ est orange.

**unité 15**

**les vêtements**

**5 Parle** Describe each person's outfit

**6 Écris et parle** Write & say what you're wearing today

*Il/Elle porte:* he/she's wearing | *Je porte:* I'm wearing
*In French you say the item of clothing first & the colour after.

**63 soixante-trois**

# unité 16
## le corps humain

- la tête
- les oreilles
- les yeux
- le nez
- la bouche
- le ventre
- le bras
- la main
- la jambe
- le pied

J'ai des plumes!

64 soixante-quatre

unité 16

**le corps humain**

**1** **Relie** match the words with the correct body part

le bras
les yeux
la jambe
la tête
la bouche

les oreilles
la main
le pied
le nez
le ventre

**2** **Lis** Read the 4 sentences & point to the correct feature

le koala

Il a deux oreilles.
Il a deux yeux.
Il a un nez.
Il a une bouche.

65 soixante-cinq

**unité 16** — le corps humain

### 3 Écris — Write 4 sentences about the bear

l'ours

### 4 Complète — Complete the wordsearch

- tête
- oreilles
- nez
- ventre
- main
- pied
- jambe
- bras
- bouche
- yeux

| t | a | t | e | l | v | t | r | c | j |
| c | i | ê | e | n | e | z | c | h | a |
| a | e | t | a | p | n | p | x | z | m |
| p | i | e | d | i | t | x | ê | r | b |
| r | o | o | j | b | r | a | s | y | e |
| m | a | i | n | t | e | w | q | e | e |
| n | j | o | p | o | u | l | d | u | m |
| h | b | o | u | c | h | e | l | x | p |
| b | i | o | r | e | i | l | l | e | s |

66 soixante-six

# unité 16
## le corps humain

**5 Écris** Write the correct number of each body part

___ oreilles

___ yeux

___ bras

___ bouche

___ pieds

**6 Lis et dessine** Follow the descriptions & draw a little monster

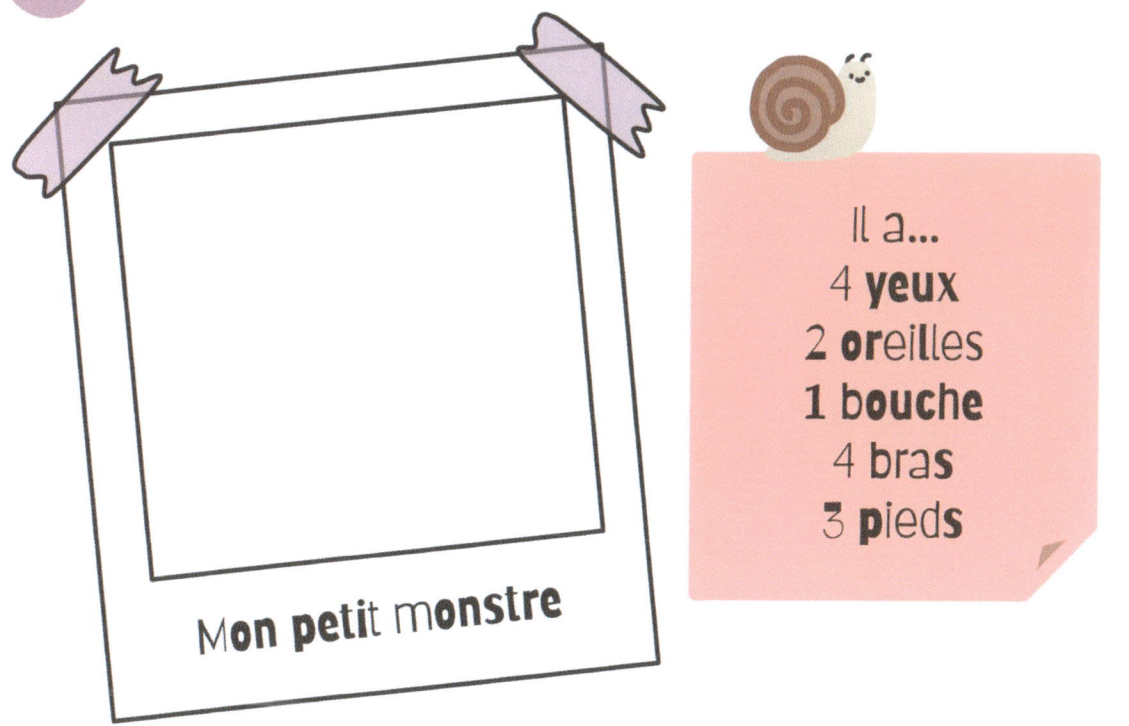

Il a...
4 **yeux**
2 **oreilles**
1 **bouche**
4 bras
3 **pieds**

Mon petit monstre

**67 soixante-sept**

# unité 17
## la maison

- la chambre
- la terrasse
- le jardin
- la salle de bain
- la chambre des parents
- le salon
- la cuisine
- l'entrée

# unité 17

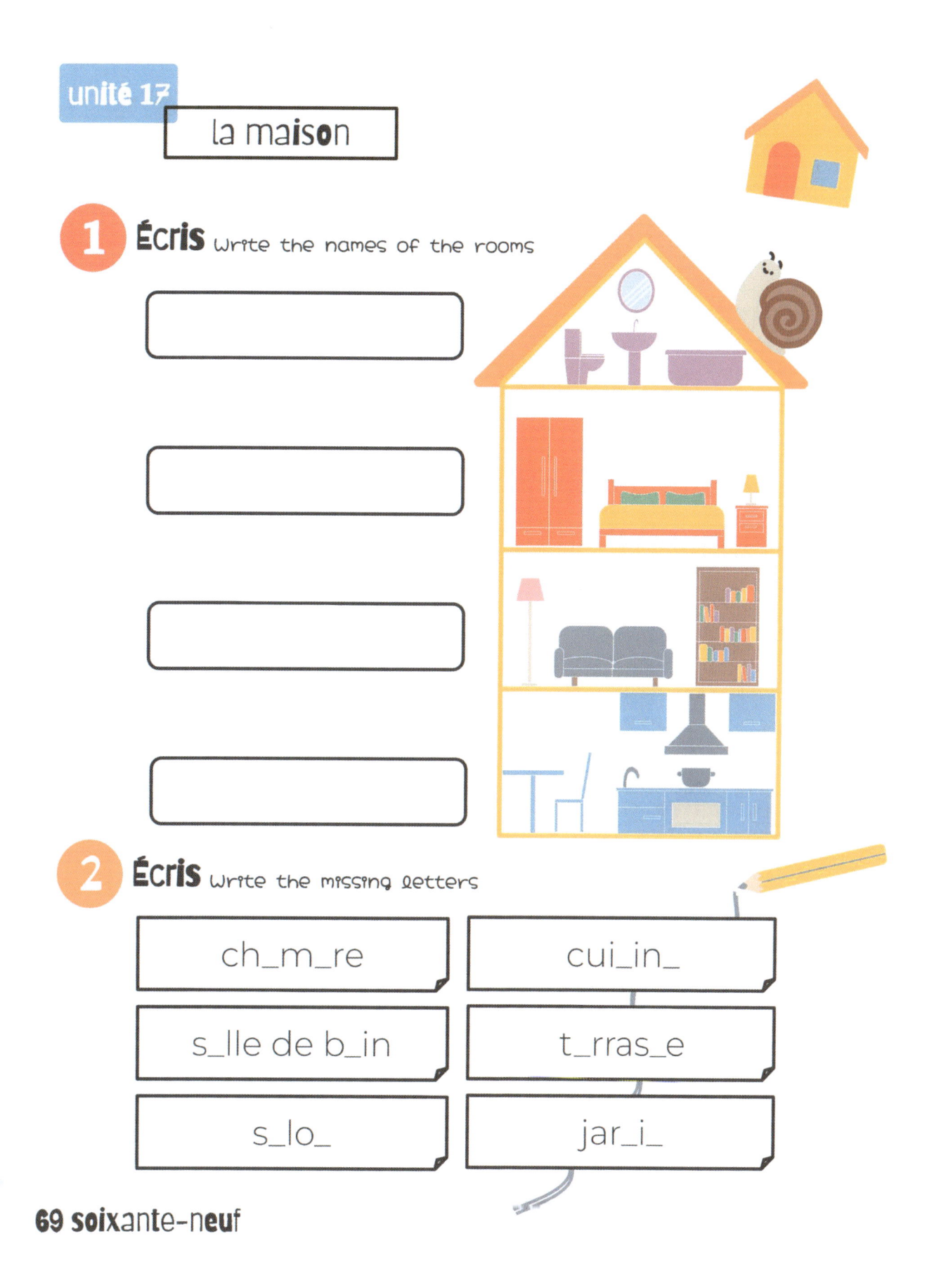

## la maison

### 1 Écris Write the names of the rooms

### 2 Écris Write the missing letters

| ch_m_re | cui_in_ |
| s_lle de b_in | t_rras_e |
| s_lo_ | jar_i_ |

**69 soixante-neuf**

**unité 17**

## la maison

**3 Relie** Match the piece of furniture with the room it belongs in

- le canapé
- la table
- le lit
- le lavabo
- la plante

- la salle de bain
- la chambre
- le jardin/la terrasse
- le salon
- la cuisine

**4 Lis et parle** Read & then describe your house

Dans ma maison, il y a un grand salon, une cuisine, une salle de bain et deux chambres. Il y a un petit jardin. Et toi?

Dans ma maison, il y a...

*Dans ma maison, il y a:* In my house, there is
<u>Adjectives</u>: *grand:* big | *petit:* small
(both adjectives come in front of the room)

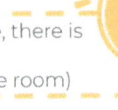

70 **soixante-dix**

# unité 17

## la maison

### 5. **Dessine** Draw your house & label the rooms

### 6. **Fais des recherches** Colour & research the names in French

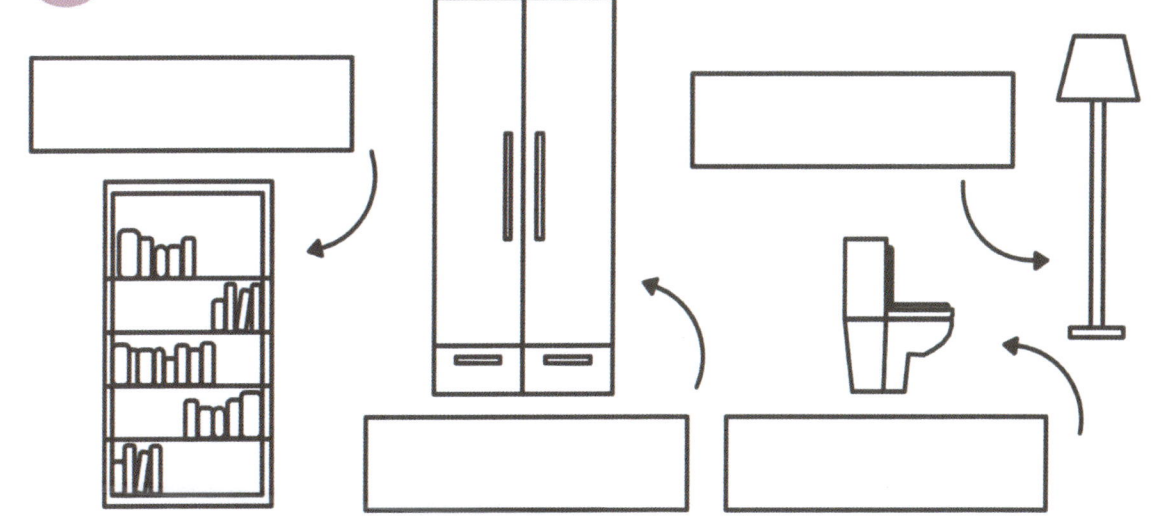

**71 soixante-onze**

## unité 18
## les objets

le crayon

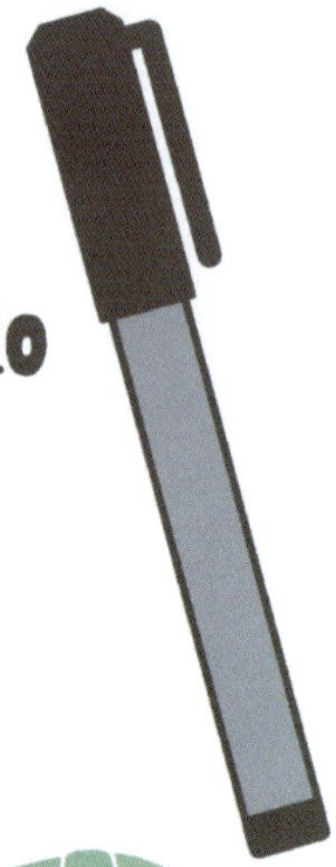

le stylo

le papier

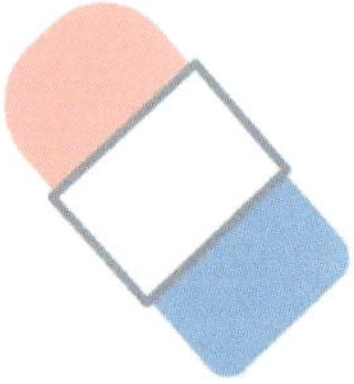

la gomme

le livre

la bouteille

le sac à dos

le portable

le ballon

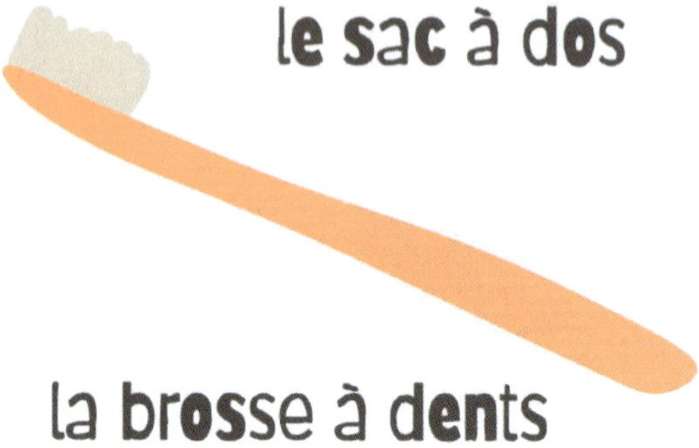

la brosse à dents

72 soixante-douze

# unité 18 — les objets

## 1. Choisis — Circle the correct object

- le portable
- le stylo
- le ballon
- le papier
- la gomme

## 2. Complète — Complete the crossword

1.
2.
3.
4.
5.

73 soixante-treize

**unité 18**

## les objets

### 3 Relie et colorie — Match & colour the objects in the correct colour

| Le livre est vert. | Le portable est bleu. | La bouteille est jaune. | Le stylo est orange. |

### 4 Parle — Say what is in the bag

Dans le sac à dos, il y a…

74 **soix**ante-qu**at**orze

**unité 18**

les objets

**5** **Colorie et dessine** Colour the bag, then draw what's inside

Mon sac à dos est jaune.

Dans mon sac à dos, il y a deux crayons, une gomme, un ballon, une bouteille et trois livres.

**6** **Écris** Write the words of the objects

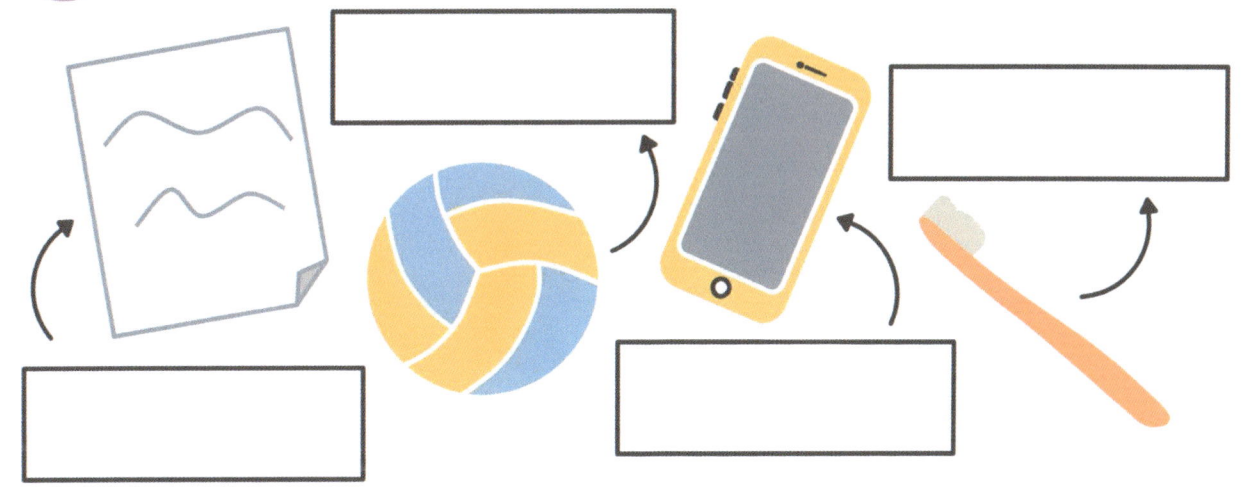

75 soixante-quinze

# unité 19
## les activités

je fais du sport

je fais de la natation

je regarde la télé

je dessine

je lis mon livre

je joue à ma Nintendo

je joue au parc

je joue de la guitare

je joue avec les jouets

je fais du vélo

76 soixante-seize

**unité 19**

## les activités

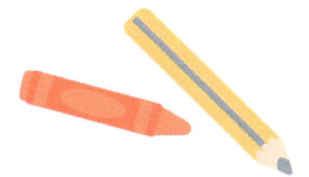

### 1 Relie — Match the picture with the activity

| je fais de la natation | je lis un livre | je fais du sport | je dessine |

### 2 Dessine — Draw a picture of each activity

je joue au parc

je regarde la télé

je joue de la guitare

je fais du vélo

je joue à ma Nintendo

je joue avec mes jouets

77 **soixante-dix-sept**

**unité 19**

**les activités**

**3 Complète** Tick the box for how often you do each activity

|  | toujours | parfois | jamais |
|---|---|---|---|
| Je fais de la natation |  |  |  |
| Je fais du sport |  |  |  |
| Je dessine |  |  |  |
| Je regarde la télé |  |  |  |
| Je joue à ma Nintendo |  |  |  |
| Je joue au parc |  |  |  |
| Je fais du vélo |  |  |  |
| Je joue avec mes jouets |  |  |  |
| Je lis mon livre |  |  |  |
| Je joue de la guitare |  |  |  |

**4 Parle** Say three activities you do every weekend

Le week-end, je...

*toujours:* always | *parfois:* sometimes | *jamais:* never

78 **soix**ante-dix-huit

unité 19

## les activités

**6  Lis et réponds** Read the texts & answer the questions

**Louis:** Le samedi, je fais de la natation et après je joue au parc.

**Hugo:** Le samedi, je regarde la télé et après je lis mon livre.

**Fleur:** Le samedi, je joue à ma Nintendo et après je fais du sport.

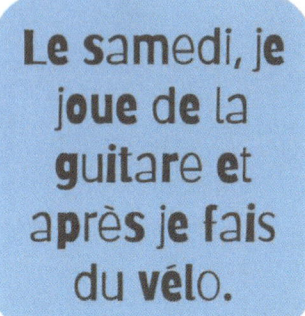

**Elise:** Le samedi, je joue de la guitare et après je fais du vélo.

### Les questions

1. Qui fait du vélo?
2. Qui lit son livre?
3. Qui joue au parc?
4. Qui regarde la télé?
5. Qui fait du sport?

après: after
qui: who

79 soixante-dix-neuf

# unité 20
## les opinions

J'aime jouer au parc.

J'aime faire de la natation.

Ma couleur préférée c'est l'orange.

Je n'aime pas le brocoli.

J'aime manger!

Je déteste le chocolat.

J'adore faire du vélo.

Mon fruit préféré c'est la pomme.

Je n'aime pas regarder la télé.

I like playing at the park
I like swimming.
My favourite colour is orange.
I don't like broccoli.
I love going on my bike.
I hate chocolate.
I don't like watching tv.
My favourite fruit is an apple.

80 quatre-vingt

# unité 20 — les opinions

**1. Lis et complète** — Read & complete the likes & dislikes tables

> J'aime les chats et la pizza. Je n'aime pas le chocolat et je déteste le fromage.

| ♥ | | |
|---|---|---|
| ✕ | | |

> J'aime les lapins et les pâtes. Je n'aime pas les pommes et je déteste le riz.

| ♥ | | |
|---|---|---|
| ✕ | | |

**2. Écris et parle** — Write 1 thing you like & 1 thing you don't like

J'aime

Je n'aime pas

81 quatre-vingt-et-un

# unité 20 — les opinions

## 3. Parle — Say which one you prefer of the 2 options

**Qu'est-ce que tu préfères?**

**Je préfère...**

| | | |
|---|---|---|
| Les chiens | ou | Les chats |
| Le bleu | ou | Le rouge |
| Les pommes | ou | Les bananes |
| Les pâtes | ou | Le riz |
| Le vendredi | ou | Le samedi |
| L'été | ou | L'hiver |
| Le chocolat | ou | Les bonbons |

## 4. Écris — Write your opinion of each item below

82 quatre-vingt-deux

# unité 20 — les opinions

**6** **Écris ou dessine** Write or draw your favourites

- Mon animal préféré
- Ma couleur préférée
- Mon fruit préféré
- Mon aliment préféré
- Mon sport préféré
- Ma personne préférée
- Mon objet préféré
- Mon activité préférée
- Mon jeu préféré

83 quatre-vingt-trois

**Bonjour**

## The author & illustrator

Madeleine is both the author & the illustrator of this French language learning book for children. She is a qualified French teacher & a self-taught illustrator. She has combined her passions & expertise into creating this engaging learning book in French.
This book is also available in Italian & Spanish.
@languageswithmaddy

www.languageswithmaddy.com

Printed in Great Britain
by Amazon